I Am
A
Trump Supporter

By Rich Brady

This is a pledge book to show support for President Trump. Find the appropriate page to pledge your support by signing your name and date. Put this book out for others to see so they, too, can pledge their support.

After you receive this book, please go back to Amazon and review it. We are in a culture war. To show our power, let's get this book to #1 on Amazon. And, be sure to vote!

Like us on Facebook at: facebook.com/TrumpSupporterAmerica1st

Follow us on Twitter at: twitter.com/RedStatePower

ISBN-13: 9781729421796

ISBN-13: 9781729421796

I Am a Trump Supporter

"I pledge my full support to President Trump. I am a Trump Supporter."

(Make your pledge by signing your name and the date below.)

1.________________________________

2.________________________________

3.________________________________

4.________________________________

5.________________________________

6.________________________________

7.________________________________

8.________________________________

9.________________________________

10.________________________________

"I pledge my full support to President Trump.
I am a Trump Supporter."

(Make your pledge by signing your name and the date below.)

11.____

12.____

13.____

14.____

15.____

16.____

17.____

18.____

19.____

20.____

"I pledge my full support to President Trump. I am a Trump Supporter."

(Make your pledge by signing your name and the date below.)

21.____

22.____

23.____

24.____

25.____

26.____

27.____

28.____

29.____

30.____

"I pledge my full support to President Trump.
I am a Trump Supporter."

(Make your pledge by signing your name and the date below.)

31.__________________________________

32.__________________________________

33.__________________________________

34.__________________________________

35.__________________________________

36.__________________________________

37.__________________________________

38.__________________________________

39.__________________________________

40.__________________________________

"I pledge my full support to President Trump.
I am a Trump Supporter."
(Make your pledge by signing your name and the date below.)

41.____

42.____

43.____

44.____

45.____

46.____

47.____

48.____

49.____

50.____

"I pledge my full support to President Trump.
I am a Trump Supporter."

(Make your pledge by signing your name and the date below.)

51.______________________________________

52.______________________________________

53.______________________________________

54.______________________________________

55.______________________________________

56.______________________________________

57.______________________________________

58.______________________________________

59.______________________________________

60.______________________________________

"I pledge my full support to President Trump.
I am a Trump Supporter."

(Make your pledge by signing your name and the date below.)

61.____

62.____

63.____

64.____

65.____

66.____

67.____

68.____

69.____

70.____

"I pledge my full support to President Trump.
I am a Trump Supporter."

(Make your pledge by signing your name and the date below.)

71.____________________________________

72.____________________________________

73.____________________________________

74.____________________________________

75.____________________________________

76.____________________________________

77.____________________________________

78.____________________________________

79.____________________________________

80.____________________________________

"I pledge my full support to President Trump.
I am a Trump Supporter."
(Make your pledge by signing your name and the date below.)

81.____

82.____

83.____

84.____

85.____

86.____

87.____

88.____

89.____

90.____

"I pledge my full support to President Trump. I am a Trump Supporter."

(Make your pledge by signing your name and the date below.)

91.____

92.____

93.____

94.____

95.____

96.____

97.____

98.____

99.____

100. ______________________________________

"I pledge my full support to President Trump.
I am a Trump Supporter."

(Make your pledge by signing your name and the date below.)

101. ____

102. ____

103. ____

104. ____

105. ____

106. ____

107. ____

108. ____

109. ____

110. ____

"I pledge my full support to President Trump.
I am a Trump Supporter."

(Make your pledge by signing your name and the date below.)

111. ____

112. ____

113. ____

114. ____

115. ____

116. ____

117. ____

118. ____

119. ____

120. ____

“I pledge my full support to President Trump.
I am a Trump Supporter.”
(Make your pledge by signing your name and the date below.)

121. ____

122. ____

123. ____

124. ____

125. ____

126. ____

127. ____

128. ____

129. ____

130. ____

"I pledge my full support to President Trump.
I am a Trump Supporter."

(Make your pledge by signing your name and the date below.)

131. _______________________________________

132. _______________________________________

133. _______________________________________

134. _______________________________________

135. _______________________________________

136. _______________________________________

137. _______________________________________

138. _______________________________________

139. _______________________________________

140. _______________________________________

"I pledge my full support to President Trump.
I am a Trump Supporter."

(Make your pledge by signing your name and the date below.)

141. _______________________________________

142. _______________________________________

143. _______________________________________

144. _______________________________________

145. _______________________________________

146. _______________________________________

147. _______________________________________

148. _______________________________________

149. _______________________________________

150. _______________________________________

"I pledge my full support to President Trump.
I am a Trump Supporter."

(Make your pledge by signing your name and the date below.)

151. _______________________________________

152. _______________________________________

153. _______________________________________

154. _______________________________________

155. _______________________________________

156. _______________________________________

157. _______________________________________

158. _______________________________________

159. _______________________________________

160. _______________________________________

"I pledge my full support to President Trump.
I am a Trump Supporter."

(Make your pledge by signing your name and the date below.)

161. ___________________________________

162. ___________________________________

163. ___________________________________

164. ___________________________________

165. ___________________________________

166. ___________________________________

167. ___________________________________

168. ___________________________________

169. ___________________________________

170. ___________________________________

"I pledge my full support to President Trump.
I am a Trump Supporter."

(Make your pledge by signing your name and the date below.)

171. ______________________________

172. ______________________________

173. ______________________________

174. ______________________________

175. ______________________________

176. ______________________________

177. ______________________________

178. ______________________________

179. ______________________________

180. ______________________________

"I pledge my full support to President Trump.
I am a Trump Supporter."
(Make your pledge by signing your name and the date below.)

181. _______________________________________

182. _______________________________________

183. _______________________________________

184. _______________________________________

185. _______________________________________

186. _______________________________________

187. _______________________________________

188. _______________________________________

189. _______________________________________

190. _______________________________________

"I pledge my full support to President Trump.
I am a Trump Supporter."

(Make your pledge by signing your name and the date below.)

191. ______________________________________

192. ______________________________________

193. ______________________________________

194. ______________________________________

195. ______________________________________

196. ______________________________________

197. ______________________________________

198. ______________________________________

199. ______________________________________

200. ______________________________________

"I pledge my full support to President Trump.
I am a Trump Supporter."

(Make your pledge by signing your name and the date below.)

201. ____

202. ____

203. ____

204. ____

205. ____

206. ____

207. ____

208. ____

209. ____

210. ____

"I pledge my full support to President Trump. I am a Trump Supporter."

(Make your pledge by signing your name and the date below.)

211. _________________________________

212. _________________________________

213. _________________________________

214. _________________________________

215. _________________________________

216. _________________________________

217. _________________________________

218. _________________________________

219. _________________________________

220. _________________________________

"I pledge my full support to President Trump.
I am a Trump Supporter."

(Make your pledge by signing your name and the date below.)

221. ______________________________

222. ______________________________

223. ______________________________

224. ______________________________

225. ______________________________

226. ______________________________

227. ______________________________

228. ______________________________

229. ______________________________

230. ______________________________

"I pledge my full support to President Trump.
I am a Trump Supporter."

(Make your pledge by signing your name and the date below.)

231. _______________________________________

232. _______________________________________

233. _______________________________________

234. _______________________________________

235. _______________________________________

236. _______________________________________

237. _______________________________________

238. _______________________________________

239. _______________________________________

240. _______________________________________

"I pledge my full support to President Trump.
I am a Trump Supporter."
(Make your pledge by signing your name and the date below.)

241. _______________________________________

242. _______________________________________

243. _______________________________________

244. _______________________________________

245. _______________________________________

246. _______________________________________

247. _______________________________________

248. _______________________________________

249. _______________________________________

250. _______________________________________

"I pledge my full support to President Trump.
I am a Trump Supporter."

(Make your pledge by signing your name and the date below.)

251. _______________________________________

252. _______________________________________

253. _______________________________________

254. _______________________________________

255. _______________________________________

256. _______________________________________

257. _______________________________________

258. _______________________________________

259. _______________________________________

260. _______________________________________

"I pledge my full support to President Trump.
I am a Trump Supporter."

(Make your pledge by signing your name and the date below.)

261. ___________________________________

262. ___________________________________

263. ___________________________________

264. ___________________________________

265. ___________________________________

266. ___________________________________

267. ___________________________________

268. ___________________________________

269. ___________________________________

270. ___________________________________

"I pledge my full support to President Trump.
I am a Trump Supporter."

(Make your pledge by signing your name and the date below.)

271. _______________________________________

272. _______________________________________

273. _______________________________________

274. _______________________________________

275. _______________________________________

276. _______________________________________

277. _______________________________________

278. _______________________________________

279. _______________________________________

280. _______________________________________

"I pledge my full support to President Trump.
I am a Trump Supporter."

(Make your pledge by signing your name and the date below.)

281. ____

282. ____

283. ____

284. ____

285. ____

286. ____

287. ____

288. ____

289. ____

290. ____

"I pledge my full support to President Trump.
I am a Trump Supporter."

(Make your pledge by signing your name and the date below.)

291. _______________________________________

292. _______________________________________

293. _______________________________________

294. _______________________________________

295. _______________________________________

296. _______________________________________

297. _______________________________________

298. _______________________________________

299. _______________________________________

300. _______________________________________

"I pledge my full support to President Trump.
I am a Trump Supporter."

(Make your pledge by signing your name and the date below.)

301. ______________________________

302. ______________________________

303. ______________________________

304. ______________________________

305. ______________________________

306. ______________________________

307. ______________________________

308. ______________________________

309. ______________________________

310. ______________________________

"I pledge my full support to President Trump.
I am a Trump Supporter."

(Make your pledge by signing your name and the date below.)

311. ______________________________________

312. ______________________________________

313. ______________________________________

314. ______________________________________

315. ______________________________________

316. ______________________________________

317. ______________________________________

318. ______________________________________

319. ______________________________________

320. ______________________________________

"I pledge my full support to President Trump. I am a Trump Supporter."

(Make your pledge by signing your name and the date below.)

321. ____

322. ____

323. ____

324. ____

325. ____

326. ____

327. ____

328. ____

329. ____

330. ____

"I pledge my full support to President Trump. I am a Trump Supporter."

(Make your pledge by signing your name and the date below.)

331. _______________________________________

332. _______________________________________

333. _______________________________________

334. _______________________________________

335. _______________________________________

336. _______________________________________

337. _______________________________________

338. _______________________________________

339. _______________________________________

340. _______________________________________

"I pledge my full support to President Trump.
I am a Trump Supporter."

(Make your pledge by signing your name and the date below.)

341. _______________________________

342. _______________________________

343. _______________________________

344. _______________________________

345. _______________________________

346. _______________________________

347. _______________________________

348. _______________________________

349. _______________________________

350. _______________________________

"I pledge my full support to President Trump. I am a Trump Supporter."

(Make your pledge by signing your name and the date below.)

351. _______________________________________

352. _______________________________________

353. _______________________________________

354. _______________________________________

355. _______________________________________

356. _______________________________________

357. _______________________________________

358. _______________________________________

359. _______________________________________

360. _______________________________________

"I pledge my full support to President Trump.
I am a Trump Supporter."

(Make your pledge by signing your name and the date below.)

361. ____

362. ____

363. ____

364. ____

365. ____

366. ____

367. ____

368. ____

369. ____

370. ____

"I pledge my full support to President Trump. I am a Trump Supporter."

(Make your pledge by signing your name and the date below.)

371. ___________________________________

372. ___________________________________

373. ___________________________________

374. ___________________________________

375. ___________________________________

376. ___________________________________

377. ___________________________________

378. ___________________________________

379. ___________________________________

380. ___________________________________

"I pledge my full support to President Trump. I am a Trump Supporter."

(Make your pledge by signing your name and the date below.)

381. ___________________________

382. ___________________________

383. ___________________________

384. ___________________________

385. ___________________________

386. ___________________________

387. ___________________________

388. ___________________________

389. ___________________________

390. ___________________________

"I pledge my full support to President Trump.
I am a Trump Supporter."

(Make your pledge by signing your name and the date below.)

391. _______________________________

392. _______________________________

393. _______________________________

394. _______________________________

395. _______________________________

396. _______________________________

397. _______________________________

398. _______________________________

399. _______________________________

400. _______________________________

**"I pledge my full support to President Trump.
I am a Trump Supporter."**

(Make your pledge by signing your name and the date below.)

401. ______________________________________

402. ______________________________________

403. ______________________________________

404. ______________________________________

405. ______________________________________

406. ______________________________________

407. ______________________________________

408. ______________________________________

409. ______________________________________

410. ______________________________________

"I pledge my full support to President Trump.
I am a Trump Supporter."

(Make your pledge by signing your name and the date below.)

411. ________________________________

412. ________________________________

413. ________________________________

414. ________________________________

415. ________________________________

416. ________________________________

417. ________________________________

418. ________________________________

419. ________________________________

420. ________________________________

"I pledge my full support to President Trump. I am a Trump Supporter."

(Make your pledge by signing your name and the date below.)

421. ____

422. ____

423. ____

424. ____

425. ____

426. ____

427. ____

428. ____

429. ____

430. ____

"I pledge my full support to President Trump. I am a Trump Supporter."

(Make your pledge by signing your name and the date below.)

431. ____

432. ____

433. ____

434. ____

435. ____

436. ____

437. ____

438. ____

439. ____

440. ____

"I pledge my full support to President Trump.
I am a Trump Supporter."

(Make your pledge by signing your name and the date below.)

441. ____

442. ____

443. ____

444. ____

445. ____

446. ____

447. ____

448. ____

449. ____

450. ____

"I pledge my full support to President Trump. I am a Trump Supporter."

(Make your pledge by signing your name and the date below.)

451. _______________________________

452. _______________________________

453. _______________________________

454. _______________________________

455. _______________________________

456. _______________________________

457. _______________________________

458. _______________________________

459. _______________________________

460. _______________________________

"I pledge my full support to President Trump.
I am a Trump Supporter."

(Make your pledge by signing your name and the date below.)

461. ____

462. ____

463. ____

464. ____

465. ____

466. ____

467. ____

468. ____

469. ____

470. ____

"I pledge my full support to President Trump.
I am a Trump Supporter."

(Make your pledge by signing your name and the date below.)

471. ____

472. ____

473. ____

474. ____

475. ____

476. ____

477. ____

478. ____

479. ____

480. ____

"I pledge my full support to President Trump.
I am a Trump Supporter."

(Make your pledge by signing your name and the date below.)

481. ______________________________

482. ______________________________

483. ______________________________

484. ______________________________

485. ______________________________

486. ______________________________

487. ______________________________

488. ______________________________

489. ______________________________

490. ______________________________

"I pledge my full support to President Trump. I am a Trump Supporter."

(Make your pledge by signing your name and the date below.)

491. ______________________________________

492. ______________________________________

493. ______________________________________

494. ______________________________________

495. ______________________________________

496. ______________________________________

497. ______________________________________

498. ______________________________________

499. ______________________________________

500. ______________________________________

"I pledge my full support to President Trump.
I am a Trump Supporter."

(Make your pledge by signing your name and the date below.)

501. ______________________________

502. ______________________________

503. ______________________________

504. ______________________________

505. ______________________________

506. ______________________________

507. ______________________________

508. ______________________________

509. ______________________________

510. ______________________________

"I pledge my full support to President Trump.
I am a Trump Supporter."
(Make your pledge by signing your name and the date below.)

511. ____

512. ____

513. ____

514. ____

515. ____

516. ____

517. ____

518. ____

519. ____

520. ____

"I pledge my full support to President Trump.
I am a Trump Supporter."

(Make your pledge by signing your name and the date below.)

521. ____

522. ____

523. ____

524. ____

525. ____

526. ____

527. ____

528. ____

529. ____

530. ____

"I pledge my full support to President Trump.
I am a Trump Supporter."

(Make your pledge by signing your name and the date below.)

531. ____

532. ____

533. ____

534. ____

535. ____

536. ____

537. ____

538. ____

539. ____

540. ____

**"I pledge my full support to President Trump.
I am a Trump Supporter."**

(Make your pledge by signing your name and the date below.)

541. _______________________________________

542. _______________________________________

543. _______________________________________

544. _______________________________________

545. _______________________________________

546. _______________________________________

547. _______________________________________

548. _______________________________________

549. _______________________________________

550. _______________________________________

"I pledge my full support to President Trump.
I am a Trump Supporter."

(Make your pledge by signing your name and the date below.)

551. ____

552. ____

553. ____

554. ____

555. ____

556. ____

557. ____

558. ____

559. ____

560. ____

"I pledge my full support to President Trump.
I am a Trump Supporter."

(Make your pledge by signing your name and the date below.)

561. ____

562. ____

563. ____

564. ____

565. ____

566. ____

567. ____

568. ____

569. ____

570. ____

"I pledge my full support to President Trump.
I am a Trump Supporter."

(Make your pledge by signing your name and the date below.)

571. _______________________________________

572. _______________________________________

573. _______________________________________

574. _______________________________________

575. _______________________________________

576. _______________________________________

577. _______________________________________

578. _______________________________________

579. _______________________________________

580. _______________________________________

"I pledge my full support to President Trump.
I am a Trump Supporter."

(Make your pledge by signing your name and the date below.)

581. ____

582. ____

583. ____

584. ____

585. ____

586. ____

587. ____

588. ____

589. ____

590. ____

"I pledge my full support to President Trump. I am a Trump Supporter."

(Make your pledge by signing your name and the date below.)

591. __________________________________

592. __________________________________

593. __________________________________

594. __________________________________

595. __________________________________

596. __________________________________

597. __________________________________

598. __________________________________

599. __________________________________

600. __________________________________

"I pledge my full support to President Trump.
I am a Trump Supporter."

(Make your pledge by signing your name and the date below.)

601. ____

602. ____

603. ____

604. ____

605. ____

606. ____

607. ____

608. ____

609. ____

610. ____

"I pledge my full support to President Trump.
I am a Trump Supporter."

(Make your pledge by signing your name and the date below.)

611. ____

612. ____

613. ____

614. ____

615. ____

616. ____

617. ____

618. ____

619. ____

620. ____

"I pledge my full support to President Trump.
I am a Trump Supporter."
(Make your pledge by signing your name and the date below.)

621. ______________________________

622. ______________________________

623. ______________________________

624. ______________________________

625. ______________________________

626. ______________________________

627. ______________________________

628. ______________________________

629. ______________________________

630. ______________________________

"I pledge my full support to President Trump.
I am a Trump Supporter."

(Make your pledge by signing your name and the date below.)

631. _______________________________________

632. _______________________________________

633. _______________________________________

634. _______________________________________

635. _______________________________________

636. _______________________________________

637. _______________________________________

638. _______________________________________

639. _______________________________________

640. _______________________________________

"I pledge my full support to President Trump.
I am a Trump Supporter."

(Make your pledge by signing your name and the date below.)

641. ____

642. ____

643. ____

644. ____

645. ____

646. ____

647. ____

648. ____

649. ____

650. ____

"I pledge my full support to President Trump.
I am a Trump Supporter."

(Make your pledge by signing your name and the date below.)

651. ______________________________

652. ______________________________

653. ______________________________

654. ______________________________

655. ______________________________

656. ______________________________

657. ______________________________

658. ______________________________

659. ______________________________

660. ______________________________

"I pledge my full support to President Trump.
I am a Trump Supporter."

(Make your pledge by signing your name and the date below.)

661. _______________________________

662. _______________________________

663. _______________________________

664. _______________________________

665. _______________________________

666. _______________________________

667. _______________________________

668. _______________________________

669. _______________________________

670. _______________________________

"I pledge my full support to President Trump. I am a Trump Supporter."

(Make your pledge by signing your name and the date below.)

671. ____

672. ____

673. ____

674. ____

675. ____

676. ____

677. ____

678. ____

679. ____

680. ____

"I pledge my full support to President Trump.
I am a Trump Supporter."

(Make your pledge by signing your name and the date below.)

681. ____

682. ____

683. ____

684. ____

685. ____

686. ____

687. ____

688. ____

689. ____

690. ____

"I pledge my full support to President Trump.
I am a Trump Supporter."

(Make your pledge by signing your name and the date below.)

691. ______________________________

692. ______________________________

693. ______________________________

694. ______________________________

695. ______________________________

696. ______________________________

697. ______________________________

698. ______________________________

699. ______________________________

700. ______________________________

"I pledge my full support to President Trump.
I am a Trump Supporter."

(Make your pledge by signing your name and the date below.)

701. _______________________________________

702. _______________________________________

703. _______________________________________

704. _______________________________________

705. _______________________________________

706. _______________________________________

707. _______________________________________

708. _______________________________________

709. _______________________________________

710. _______________________________________

"I pledge my full support to President Trump.
I am a Trump Supporter."

(Make your pledge by signing your name and the date below.)

711. ____

712. ____

713. ____

714. ____

715. ____

716. ____

717. ____

718. ____

719. ____

720. ____

**"I pledge my full support to President Trump.
I am a Trump Supporter."**

(Make your pledge by signing your name and the date below.)

721. _______________________________________

722. _______________________________________

723. _______________________________________

724. _______________________________________

725. _______________________________________

726. _______________________________________

727. _______________________________________

728. _______________________________________

729. _______________________________________

730. _______________________________________

"I pledge my full support to President Trump.
I am a Trump Supporter."

(Make your pledge by signing your name and the date below.)

731. ______________________________

732. ______________________________

733. ______________________________

734. ______________________________

735. ______________________________

736. ______________________________

737. ______________________________

738. ______________________________

739. ______________________________

740. ______________________________

"I pledge my full support to President Trump.
I am a Trump Supporter."

(Make your pledge by signing your name and the date below.)

741. ____

742. ____

743. ____

744. ____

745. ____

746. ____

747. ____

748. ____

749. ____

750. ____

"I pledge my full support to President Trump.
I am a Trump Supporter."

(Make your pledge by signing your name and the date below.)

751. ____

752. ____

753. ____

754. ____

755. ____

756. ____

757. ____

758. ____

759. ____

760. ____

"I pledge my full support to President Trump.
I am a Trump Supporter."

(Make your pledge by signing your name and the date below.)

761. ____

762. ____

763. ____

764. ____

765. ____

766. ____

767. ____

768. ____

769. ____

770. ____

"I pledge my full support to President Trump.
I am a Trump Supporter."
(Make your pledge by signing your name and the date below.)

771. _______________________________________

772. _______________________________________

773. _______________________________________

774. _______________________________________

775. _______________________________________

776. _______________________________________

777. _______________________________________

778. _______________________________________

779. _______________________________________

780. _______________________________________

"I pledge my full support to President Trump. I am a Trump Supporter."

(Make your pledge by signing your name and the date below.)

781. _______________________________________

782. _______________________________________

783. _______________________________________

784. _______________________________________

785. _______________________________________

786. _______________________________________

787. _______________________________________

788. _______________________________________

789. _______________________________________

790. _______________________________________

"I pledge my full support to President Trump.
I am a Trump Supporter."

(Make your pledge by signing your name and the date below.)

791. ____

792. ____

793. ____

794. ____

795. ____

796. ____

797. ____

798. ____

799. ____

800. ____

"I pledge my full support to President Trump.
I am a Trump Supporter."

(Make your pledge by signing your name and the date below.)

801. ____

802. ____

803. ____

804. ____

805. ____

806. ____

807. ____

808. ____

809. ____

810. ____

"I pledge my full support to President Trump.
I am a Trump Supporter."

(Make your pledge by signing your name and the date below.)

811. ___________________________________

812. ___________________________________

813. ___________________________________

814. ___________________________________

815. ___________________________________

816. ___________________________________

817. ___________________________________

818. ___________________________________

819. ___________________________________

820. ___________________________________

"I pledge my full support to President Trump.
I am a Trump Supporter."

(Make your pledge by signing your name and the date below.)

821. ___________________________________

822. ___________________________________

823. ___________________________________

824. ___________________________________

825. ___________________________________

826. ___________________________________

827. ___________________________________

828. ___________________________________

829. ___________________________________

830. ___________________________________

"I pledge my full support to President Trump. I am a Trump Supporter."

(Make your pledge by signing your name and the date below.)

831. ____

832. ____

833. ____

834. ____

835. ____

836. ____

837. ____

838. ____

839. ____

840. ____

"I pledge my full support to President Trump.
I am a Trump Supporter."

(Make your pledge by signing your name and the date below.)

841. ______________________________

842. ______________________________

843. ______________________________

844. ______________________________

845. ______________________________

846. ______________________________

847. ______________________________

848. ______________________________

849. ______________________________

850. ______________________________

"I pledge my full support to President Trump.
I am a Trump Supporter."
(Make your pledge by signing your name and the date below.)

851. ____

852. ____

853. ____

854. ____

855. ____

856. ____

857. ____

858. ____

859. ____

860. ____

"I pledge my full support to President Trump.
I am a Trump Supporter."

(Make your pledge by signing your name and the date below.)

861. ____

862. ____

863. ____

864. ____

865. ____

866. ____

867. ____

868. ____

869. ____

870. ____

"I pledge my full support to President Trump.
I am a Trump Supporter."

(Make your pledge by signing your name and the date below.)

871. ____

872. ____

873. ____

874. ____

875. ____

876. ____

877. ____

878. ____

879. ____

880. ____

"I pledge my full support to President Trump. I am a Trump Supporter."

(Make your pledge by signing your name and the date below.)

881. _______________________________

882. _______________________________

883. _______________________________

884. _______________________________

885. _______________________________

886. _______________________________

887. _______________________________

888. _______________________________

889. _______________________________

890. _______________________________

"I pledge my full support to President Trump.
I am a Trump Supporter."

(Make your pledge by signing your name and the date below.)

891. ______________________________________

892. ______________________________________

893. ______________________________________

894. ______________________________________

895. ______________________________________

896. ______________________________________

897. ______________________________________

898. ______________________________________

899. ______________________________________

900. ______________________________________

"I pledge my full support to President Trump.
I am a Trump Supporter."

(Make your pledge by signing your name and the date below.)

901. ____

902. ____

903. ____

904. ____

905. ____

906. ____

907. ____

908. ____

909. ____

910. ____

"I pledge my full support to President Trump. I am a Trump Supporter."

(Make your pledge by signing your name and the date below.)

911. _______________________________

912. _______________________________

913. _______________________________

914. _______________________________

915. _______________________________

916. _______________________________

917. _______________________________

918. _______________________________

919. _______________________________

920. _______________________________

"I pledge my full support to President Trump.
I am a Trump Supporter."
(Make your pledge by signing your name and the date below.)

921. _______________________________________

922. _______________________________________

923. _______________________________________

924. _______________________________________

925. _______________________________________

926. _______________________________________

927. _______________________________________

928. _______________________________________

929. _______________________________________

930. _______________________________________

"I pledge my full support to President Trump. I am a Trump Supporter."

(Make your pledge by signing your name and the date below.)

931. _______________________________________

932. _______________________________________

933. _______________________________________

934. _______________________________________

935. _______________________________________

936. _______________________________________

937. _______________________________________

938. _______________________________________

939. _______________________________________

940. _______________________________________

“I pledge my full support to President Trump.
I am a Trump Supporter.”
(Make your pledge by signing your name and the date below.)

941. __________________________________

942. __________________________________

943. __________________________________

944. __________________________________

945. __________________________________

946. __________________________________

947. __________________________________

948. __________________________________

949. __________________________________

950. __________________________________

"I pledge my full support to President Trump.
I am a Trump Supporter."

(Make your pledge by signing your name and the date below.)

951. _______________________________________

952. _______________________________________

953. _______________________________________

954. _______________________________________

955. _______________________________________

956. _______________________________________

957. _______________________________________

958. _______________________________________

959. _______________________________________

960. _______________________________________

**"I pledge my full support to President Trump.
I am a Trump Supporter."**

(Make your pledge by signing your name and the date below.)

961. ____

962. ____

963. ____

964. ____

965. ____

966. ____

967. ____

968. ____

969. ____

970. ____

"I pledge my full support to President Trump.
I am a Trump Supporter."

(Make your pledge by signing your name and the date below.)

971. ____

972. ____

973. ____

974. ____

975. ____

976. ____

977. ____

978. ____

979. ____

980. ____

"I pledge my full support to President Trump.
I am a Trump Supporter."

(Make your pledge by signing your name and the date below.)

981. ______________________________________

982. ______________________________________

983. ______________________________________

984. ______________________________________

985. ______________________________________

986. ______________________________________

987. ______________________________________

988. ______________________________________

989. ______________________________________

990. ______________________________________

""I pledge my full support to President Trump. I am a Trump Supporter.""

(Make your pledge by signing your name and the date below.)

991. ____

992. ____

993. ____

994. ____

995. ____

996. ____

997. ____

998. ____

999. ____

1000. ____

""I pledge my full support to President Trump. I am a Trump Supporter.""